THIS PLANNER BELONGING TO

WEEKLY

DATE

....

	SUN	MON	TUE
MORNING			
AFTERNOON			
EVENING			

TO-DO-LIST

- O _____
- O _____
- O _____
- O _____
- O _____
- O _____

- O _____
- O _____
- O _____
- O _____
- O _____
- O _____

PLANNER

WED	THU	FRI	SAT

NOTE

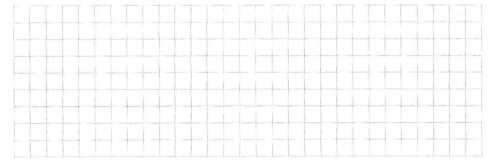

WEEKLY

....

	SUN	MON	TUE
MORNING			
AFTERNOON			
EVENING			

TO-DO-LIST

- ○ _____
- ○ _____
- ○ _____
- ○ _____
- ○ _____
- ○ _____

- ○ _____
- ○ _____
- ○ _____
- ○ _____
- ○ _____
- ○ _____

PLANNER

WED	THU	FRI	SAT

NOTE

WEEKLY

....

	SUN	MON	TUE
MORNING			
AFTERNOON			
EVENING			

TO - DO - LIST

- ○ _____
- ○ _____
- ○ _____
- ○ _____
- ○ _____
- ○ _____

- ○ _____
- ○ _____
- ○ _____
- ○ _____
- ○ _____
- ○ _____

PLANNER

WED	THU	FRI	SAT

NOTE

WEEKLY

DATE

....

	SUN	MON	TUE
MORNING			
AFTERNOON			
EVENING			

TO-DO-LIST

- _____
- _____
- _____
- _____
- _____
- _____

- _____
- _____
- _____
- _____
- _____
- _____

PLANNER

WED	THU	FRI	SAT

NOTE

WEEKLY

DATE
....

	SUN	MON	TUE
MORNING			
AFTERNOON			
EVENING			

TO-DO-LIST

- ○ _____
- ○ _____
- ○ _____
- ○ _____
- ○ _____
- ○ _____

- ○ _____
- ○ _____
- ○ _____
- ○ _____
- ○ _____
- ○ _____

PLANNER

WED	THU	FRI	SAT

NOTE

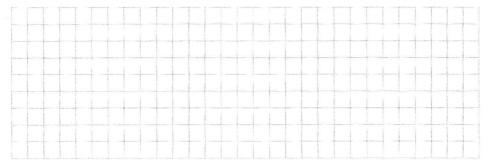

WEEKLY

....	SUN	MON	TUE
MORNING			
AFTERNOON			
EVENING			

TO-DO-LIST

- ○ _____
- ○ _____
- ○ _____
- ○ _____
- ○ _____
- ○ _____

- ○ _____
- ○ _____
- ○ _____
- ○ _____
- ○ _____
- ○ _____

PLANNER

WED	THU	FRI	SAT

NOTE

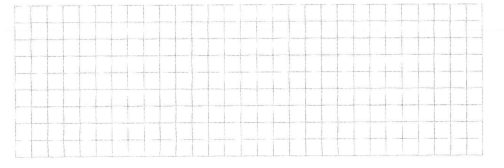

WEEKLY

DATE

....

	SUN	MON	TUE
MORNING			
AFTERNOON			
EVENING			

TO-DO-LIST

- ⭕ _____
- ⭕ _____
- ⭕ _____
- ⭕ _____
- ⭕ _____
- ⭕ _____

- ⭕ _____
- ⭕ _____
- ⭕ _____
- ⭕ _____
- ⭕ _____
- ⭕ _____

PLANNER

WED	THU	FRI	SAT

NOTE

WEEKLY

DATE

....

	SUN	MON	TUE
MORNING			
AFTERNOON			
EVENING			

TO-DO-LIST

○ _____ ○ _____
○ _____ ○ _____
○ _____ ○ _____
○ _____ ○ _____
○ _____ ○ _____
○ _____ ○ _____

PLANNER

WED	THU	FRI	SAT

NOTE

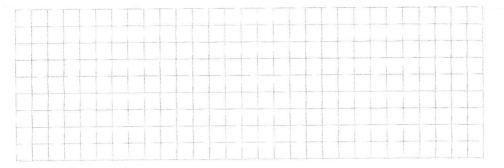

WEEKLY

DATE
....

	SUN	MON	TUE
MORNING			
AFTERNOON			
EVENING			

TO-DO-LIST

- ○ _____
- ○ _____
- ○ _____
- ○ _____
- ○ _____
- ○ _____

- ○ _____
- ○ _____
- ○ _____
- ○ _____
- ○ _____
- ○ _____

PLANNER

WED	THU	FRI	SAT

NOTE

WEEKLY

DATE

....	SUN	MON	TUE
MORNING			
AFTERNOON			
EVENING			

TO-DO-LIST

- O _____
- O _____
- O _____
- O _____
- O _____
- O _____

- O _____
- O _____
- O _____
- O _____
- O _____
- O _____

PLANNER

WED	THU	FRI	SAT

NOTE

WEEKLY

DATE
....

	SUN	MON	TUE
MORNING			
AFTERNOON			
EVENING			

TO-DO-LIST

- ○ _____
- ○ _____
- ○ _____
- ○ _____
- ○ _____
- ○ _____

- ○ _____
- ○ _____
- ○ _____
- ○ _____
- ○ _____
- ○ _____

PLANNER

WED	THU	FRI	SAT

NOTE

WEEKLY

DATE
....

	SUN	MON	TUE
MORNING			
AFTERNOON			
EVENING			

TO-DO-LIST

- ○ _____
- ○ _____
- ○ _____
- ○ _____
- ○ _____
- ○ _____

- ○ _____
- ○ _____
- ○ _____
- ○ _____
- ○ _____
- ○ _____

PLANNER

WED	THU	FRI	SAT

NOTE

WEEKLY

....	SUN	MON	TUE
MORNING			
AFTERNOON			
EVENING			

TO-DO-LIST

- ○ _____
- ○ _____
- ○ _____
- ○ _____
- ○ _____
- ○ _____

- ○ _____
- ○ _____
- ○ _____
- ○ _____
- ○ _____
- ○ _____

PLANNER

WED	THU	FRI	SAT

NOTE

WEEKLY

DATE

....

	SUN	MON	TUE
MORNING			
AFTERNOON			
EVENING			

TO-DO-LIST

- O _____
- O _____
- O _____
- O _____
- O _____
- O _____

- O _____
- O _____
- O _____
- O _____
- O _____
- O _____

PLANNER

WED	THU	FRI	SAT

NOTE

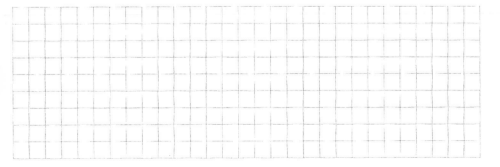

WEEKLY

DATE

....

	SUN	MON	TUE
MORNING			
AFTERNOON			
EVENING			

TO-DO-LIST

○ _____
○ _____
○ _____
○ _____
○ _____
○ _____

○ _____
○ _____
○ _____
○ _____
○ _____
○ _____

PLANNER

WED	THU	FRI	SAT

NOTE

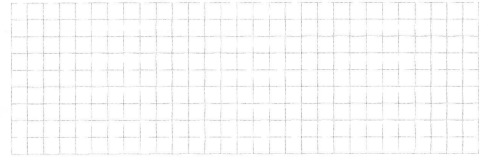

WEEKLY

DATE
....

	SUN	MON	TUE
MORNING			
AFTERNOON			
EVENING			

TO = DO = LIST

- ○ _____
- ○ _____
- ○ _____
- ○ _____
- ○ _____
- ○ _____

- ○ _____
- ○ _____
- ○ _____
- ○ _____
- ○ _____
- ○ _____

PLANNER

WED	THU	FRI	SAT

NOTE

WEEKLY

....

	SUN	MON	TUE
MORNING			
AFTERNOON			
EVENING			

TO-DO-LIST

- ◯ _____
- ◯ _____
- ◯ _____
- ◯ _____
- ◯ _____
- ◯ _____

- ◯ _____
- ◯ _____
- ◯ _____
- ◯ _____
- ◯ _____
- ◯ _____

PLANNER

WED	THU	FRI	SAT

NOTE

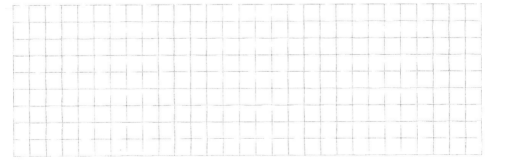

WEEKLY

DATE

....

	SUN	MON	TUE
MORNING			
AFTERNOON			
EVENING			

TO-DO-LIST

- ○ _____
- ○ _____
- ○ _____
- ○ _____
- ○ _____
- ○ _____

- ○ _____
- ○ _____
- ○ _____
- ○ _____
- ○ _____
- ○ _____

PLANNER

WED	THU	FRI	SAT

NOTE

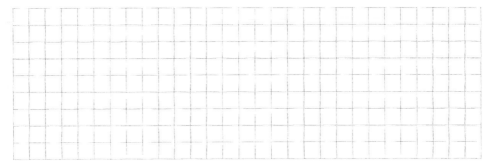

WEEKLY

DATE
....

	SUN	MON	TUE
MORNING			
AFTERNOON			
EVENING			

TO-DO-LIST

- ○ _____
- ○ _____
- ○ _____
- ○ _____
- ○ _____
- ○ _____

- ○ _____
- ○ _____
- ○ _____
- ○ _____
- ○ _____
- ○ _____

PLANNER

WED	THU	FRI	SAT

NOTE

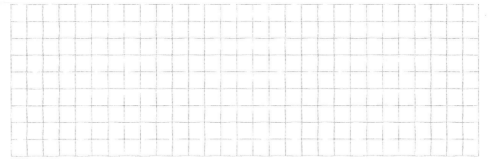

WEEKLY

DATE

....

	SUN	MON	TUE
MORNING			
AFTERNOON			
EVENING			

TO-DO-LIST

- ○ _____
- ○ _____
- ○ _____
- ○ _____
- ○ _____
- ○ _____

- ○ _____
- ○ _____
- ○ _____
- ○ _____
- ○ _____
- ○ _____

PLANNER

WED	THU	FRI	SAT

NOTE

WEEKLY

DATE
....

	SUN	MON	TUE
MORNING			
AFTERNOON			
EVENING			

TO-DO-LIST

- ○ _____
- ○ _____
- ○ _____
- ○ _____
- ○ _____
- ○ _____

- ○ _____
- ○ _____
- ○ _____
- ○ _____
- ○ _____
- ○ _____

PLANNER

WED	THU	FRI	SAT

NOTE

WEEKLY

DATE

....

	SUN	MON	TUE
MORNING			
AFTERNOON			
EVENING			

TO-DO-LIST

- ○ _____
- ○ _____
- ○ _____
- ○ _____
- ○ _____
- ○ _____

- ○ _____
- ○ _____
- ○ _____
- ○ _____
- ○ _____
- ○ _____

PLANNER

WED	THU	FRI	SAT

NOTE

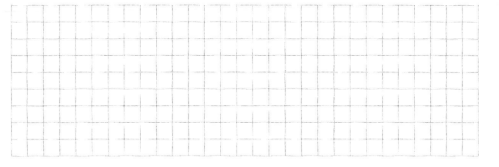

WEEKLY

DATE

....

	SUN	MON	TUE
MORNING			
AFTERNOON			
EVENING			

TO-DO-LIST

- ○ _____
- ○ _____
- ○ _____
- ○ _____
- ○ _____
- ○ _____

- ○ _____
- ○ _____
- ○ _____
- ○ _____
- ○ _____
- ○ _____

PLANNER

WED	THU	FRI	SAT

NOTE

WEEKLY

DATE
....

	SUN	MON	TUE
MORNING			
AFTERNOON			
EVENING			

TO-DO-LIST

- ○ _____
- ○ _____
- ○ _____
- ○ _____
- ○ _____
- ○ _____

- ○ _____
- ○ _____
- ○ _____
- ○ _____
- ○ _____
- ○ _____

PLANNER

WED	THU	FRI	SAT

NOTE

WEEKLY

DATE

....

....	SUN	MON	TUE
MORNING			
AFTERNOON			
EVENING			

TO-DO-LIST

- ○ _____
- ○ _____
- ○ _____
- ○ _____
- ○ _____
- ○ _____

- ○ _____
- ○ _____
- ○ _____
- ○ _____
- ○ _____
- ○ _____

PLANNER

WED	THU	FRI	SAT

NOTE

WEEKLY

....	SUN	MON	TUE
MORNING			
AFTERNOON			
EVENING			

TO-DO-LIST

- ○ _____
- ○ _____
- ○ _____
- ○ _____
- ○ _____
- ○ _____

- ○ _____
- ○ _____
- ○ _____
- ○ _____
- ○ _____
- ○ _____

PLANNER

WED	THU	FRI	SAT

NOTE

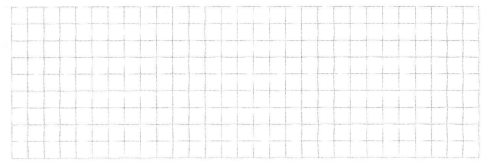

WEEKLY

DATE
....

	SUN	MON	TUE
MORNING			
AFTERNOON			
EVENING			

TO-DO-LIST

○ _____
○ _____
○ _____
○ _____
○ _____
○ _____

○ _____
○ _____
○ _____
○ _____
○ _____
○ _____

PLANNER

WED	THU	FRI	SAT

NOTE

WEEKLY

DATE

....

	SUN	MON	TUE
MORNING			
AFTERNOON			
EVENING			

TO-DO-LIST

- ○ _____
- ○ _____
- ○ _____
- ○ _____
- ○ _____
- ○ _____

- ○ _____
- ○ _____
- ○ _____
- ○ _____
- ○ _____
- ○ _____

PLANNER

WED	THU	FRI	SAT

NOTE

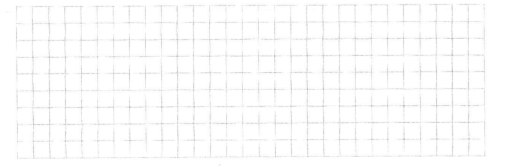

WEEKLY

DATE

....

....	SUN	MON	TUE
MORNING			
AFTERNOON			
EVENING			

TO-DO-LIST

○ _____   ○ _____
○ _____   ○ _____
○ _____   ○ _____
○ _____   ○ _____
○ _____   ○ _____
○ _____   ○ _____

PLANNER

WED	THU	FRI	SAT

NOTE

WEEKLY

DATE

....

	SUN	MON	TUE
MORNING			
AFTERNOON			
EVENING			

TO-DO-LIST

- O _____
- O _____
- O _____
- O _____
- O _____
- O _____

- O _____
- O _____
- O _____
- O _____
- O _____
- O _____

PLANNER

WED	THU	FRI	SAT

NOTE

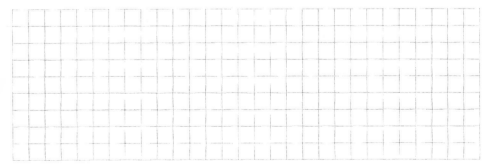

WEEKLY

DATE

....

	SUN	MON	TUE
MORNING			
AFTERNOON			
EVENING			

TO-DO-LIST

- ○ _____
- ○ _____
- ○ _____
- ○ _____
- ○ _____
- ○ _____

- ○ _____
- ○ _____
- ○ _____
- ○ _____
- ○ _____
- ○ _____

PLANNER

WED	THU	FRI	SAT

NOTE

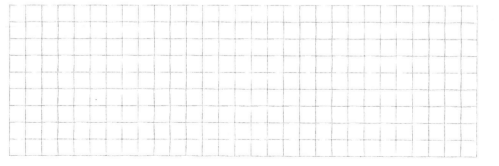

WEEKLY

DATE

....	SUN	MON	TUE
MORNING			
AFTERNOON			
EVENING			

TO-DO-LIST

- ○ _____
- ○ _____
- ○ _____
- ○ _____
- ○ _____
- ○ _____

- ○ _____
- ○ _____
- ○ _____
- ○ _____
- ○ _____
- ○ _____

PLANNER

WED	THU	FRI	SAT

NOTE

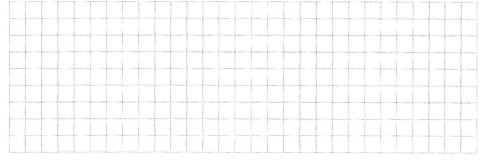

WEEKLY

DATE
....

	SUN	MON	TUE
MORNING			
AFTERNOON			
EVENING			

TO-DO-LIST

- ○ _____
- ○ _____
- ○ _____
- ○ _____
- ○ _____
- ○ _____

- ○ _____
- ○ _____
- ○ _____
- ○ _____
- ○ _____
- ○ _____

PLANNER

WED	THU	FRI	SAT

NOTE

WEEKLY

DATE

....

	SUN	MON	TUE
MORNING			
AFTERNOON			
EVENING			

TO-DO-LIST

- _____
- _____
- _____
- _____
- _____
- _____

- _____
- _____
- _____
- _____
- _____
- _____

PLANNER

WED	THU	FRI	SAT

NOTE

WEEKLY

DATE

....	SUN	MON	TUE
MORNING			
AFTERNOON			
EVENING			

TO-DO-LIST

- ○ _____
- ○ _____
- ○ _____
- ○ _____
- ○ _____
- ○ _____

- ○ _____
- ○ _____
- ○ _____
- ○ _____
- ○ _____
- ○ _____

PLANNER

WED	THU	FRI	SAT

NOTE

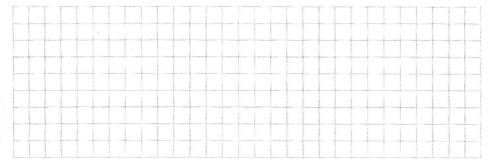

WEEKLY

DATE
....

	SUN	MON	TUE
MORNING			
AFTERNOON			
EVENING			

TO-DO-LIST

- ○ _____
- ○ _____
- ○ _____
- ○ _____
- ○ _____
- ○ _____

- ○ _____
- ○ _____
- ○ _____
- ○ _____
- ○ _____
- ○ _____

PLANNER

WED	THU	FRI	SAT

NOTE

WEEKLY

DATE

....	SUN	MON	TUE
MORNING			
AFTERNOON			
EVENING			

TO-DO-LIST

- ○ _____
- ○ _____
- ○ _____
- ○ _____
- ○ _____
- ○ _____

- ○ _____
- ○ _____
- ○ _____
- ○ _____
- ○ _____
- ○ _____

PLANNER

WED	THU	FRI	SAT

NOTE

WEEKLY

DATE
....

	SUN	MON	TUE
MORNING			
AFTERNOON			
EVENING			

TO-DO-LIST

- ○ _____
- ○ _____
- ○ _____
- ○ _____
- ○ _____
- ○ _____

- ○ _____
- ○ _____
- ○ _____
- ○ _____
- ○ _____
- ○ _____

PLANNER

WED	THU	FRI	SAT

NOTE

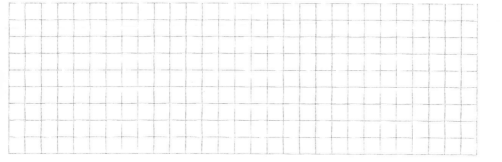

WEEKLY

DATE

....	SUN	MON	TUE
MORNING			
AFTERNOON			
EVENING			

TO-DO-LIST

- O _____
- O _____
- O _____
- O _____
- O _____
- O _____

- O _____
- O _____
- O _____
- O _____
- O _____
- O _____

PLANNER

WED	THU	FRI	SAT

NOTE

WEEKLY

....

	SUN	MON	TUE
MORNING			
AFTERNOON			
EVENING			

TO-DO-LIST

- ○ _____
- ○ _____
- ○ _____
- ○ _____
- ○ _____
- ○ _____

- ○ _____
- ○ _____
- ○ _____
- ○ _____
- ○ _____
- ○ _____

PLANNER

WED	THU	FRI	SAT

NOTE

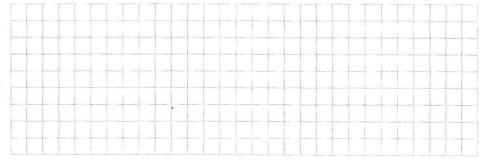

WEEKLY

DATE

....
....

	SUN	MON	TUE
MORNING			
AFTERNOON			
EVENING			

TO-DO-LIST

- ○ _____
- ○ _____
- ○ _____
- ○ _____
- ○ _____
- ○ _____

- ○ _____
- ○ _____
- ○ _____
- ○ _____
- ○ _____
- ○ _____

PLANNER

WED	THU	FRI	SAT

NOTE

WEEKLY

....	SUN	MON	TUE
MORNING			
AFTERNOON			
EVENING			

TO-DO-LIST

- ○ _____
- ○ _____
- ○ _____
- ○ _____
- ○ _____
- ○ _____

- ○ _____
- ○ _____
- ○ _____
- ○ _____
- ○ _____
- ○ _____

PLANNER

WED	THU	FRI	SAT

NOTE

WEEKLY

DATE
....

	SUN	MON	TUE
MORNING			
AFTERNOON			
EVENING			

TO-DO-LIST

○ _____   ○ _____
○ _____   ○ _____
○ _____   ○ _____
○ _____   ○ _____
○ _____   ○ _____
○ _____   ○ _____

PLANNER

WED	THU	FRI	SAT

NOTE

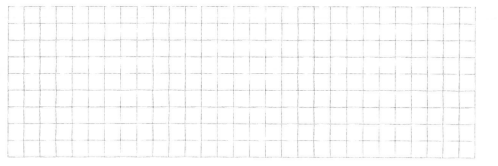

WEEKLY

DATE

....

	SUN	MON	TUE
MORNING			
AFTERNOON			
EVENING			

TO-DO-LIST

○ _____   ○ _____
○ _____   ○ _____
○ _____   ○ _____
○ _____   ○ _____
○ _____   ○ _____
○ _____   ○ _____

PLANNER

WED	THU	FRI	SAT

NOTE

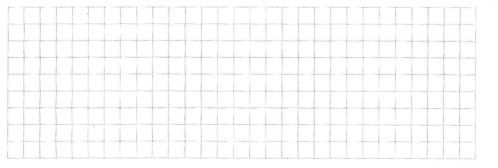

WEEKLY

....	SUN	MON	TUE
MORNING			
AFTERNOON			
EVENING			

TO-DO-LIST

- ○ _____
- ○ _____
- ○ _____
- ○ _____
- ○ _____
- ○ _____

- ○ _____
- ○ _____
- ○ _____
- ○ _____
- ○ _____
- ○ _____

PLANNER

WED	THU	FRI	SAT

NOTE

WEEKLY

....	SUN	MON	TUE
MORNING			
AFTERNOON			
EVENING			

TO-DO-LIST

- ○ _____
- ○ _____
- ○ _____
- ○ _____
- ○ _____
- ○ _____

- ○ _____
- ○ _____
- ○ _____
- ○ _____
- ○ _____
- ○ _____

PLANNER

WED	THU	FRI	SAT

NOTE

WEEKLY

DATE

....

	SUN	MON	TUE
MORNING			
AFTERNOON			
EVENING			

TO-DO-LIST

- ○ _____
- ○ _____
- ○ _____
- ○ _____
- ○ _____
- ○ _____

- ○ _____
- ○ _____
- ○ _____
- ○ _____
- ○ _____
- ○ _____

PLANNER

WED	THU	FRI	SAT

NOTE

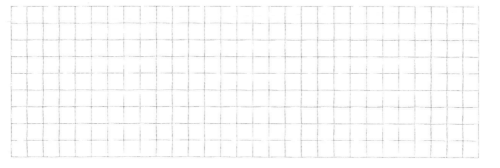

WEEKLY

DATE
....

	SUN	MON	TUE
MORNING			
AFTERNOON			
EVENING			

TO-DO-LIST

○ _____   ○ _____
○ _____   ○ _____
○ _____   ○ _____
○ _____   ○ _____
○ _____   ○ _____
○ _____   ○ _____

PLANNER

WED	THU	FRI	SAT

NOTE

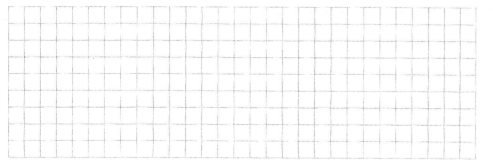

WEEKLY

DATE
....

	SUN	MON	TUE
MORNING			
AFTERNOON			
EVENING			

TO-DO-LIST

- ○ _____
- ○ _____
- ○ _____
- ○ _____
- ○ _____
- ○ _____

- ○ _____
- ○ _____
- ○ _____
- ○ _____
- ○ _____
- ○ _____

PLANNER

WED	THU	FRI	SAT

NOTE

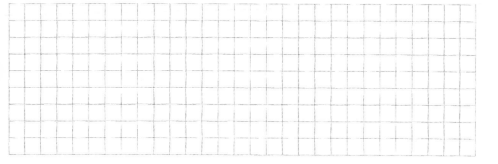

WEEKLY

DATE

....

	SUN	MON	TUE
MORNING			
AFTERNOON			
EVENING			

TO-DO-LIST

- ○ _____
- ○ _____
- ○ _____
- ○ _____
- ○ _____
- ○ _____

- ○ _____
- ○ _____
- ○ _____
- ○ _____
- ○ _____
- ○ _____

PLANNER

WED	THU	FRI	SAT

NOTE

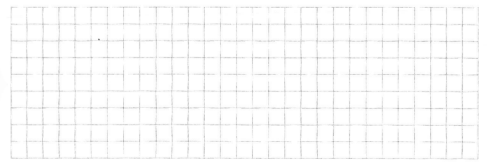

WEEKLY

DATE
....

	SUN	MON	TUE
MORNING			
AFTERNOON			
EVENING			

TO-DO-LIST

- ○ _____
- ○ _____
- ○ _____
- ○ _____
- ○ _____
- ○ _____

- ○ _____
- ○ _____
- ○ _____
- ○ _____
- ○ _____
- ○ _____

PLANNER

WED	THU	FRI	SAT

NOTE

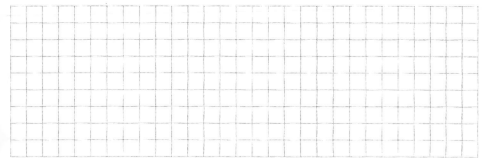

WEEKLY

DATE
....

	SUN	MON	TUE
MORNING			
AFTERNOON			
EVENING			

TO-DO-LIST

- ○ _____
- ○ _____
- ○ _____
- ○ _____
- ○ _____
- ○ _____

- ○ _____
- ○ _____
- ○ _____
- ○ _____
- ○ _____
- ○ _____

PLANNER

WED	THU	FRI	SAT

NOTE

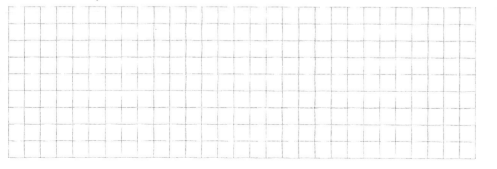

WEEKLY

DATE
....

	SUN	MON	TUE
MORNING			
AFTERNOON			
EVENING			

TO-DO-LIST

- ○ _____
- ○ _____
- ○ _____
- ○ _____
- ○ _____
- ○ _____

- ○ _____
- ○ _____
- ○ _____
- ○ _____
- ○ _____
- ○ _____

PLANNER

WED	THU	FRI	SAT

NOTE

WEEKLY

DATE
....

	SUN	MON	TUE
MORNING			
AFTERNOON			
EVENING			

TO-DO-LIST

○ _____   ○ _____
○ _____   ○ _____
○ _____   ○ _____
○ _____   ○ _____
○ _____   ○ _____
○ _____   ○ _____

PLANNER

WED	THU	FRI	SAT

NOTE

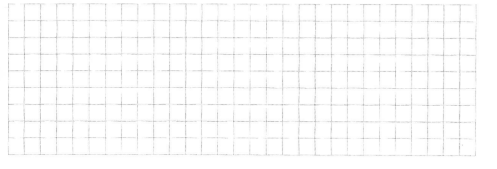

WEEKLY

DATE

....

	SUN	MON	TUE
MORNING			
AFTERNOON			
EVENING			

TO-DO-LIST

○ _____
○ _____
○ _____
○ _____
○ _____
○ _____

○ _____
○ _____
○ _____
○ _____
○ _____
○ _____

PLANNER

WED	THU	FRI	SAT

NOTE

WEEKLY

DATE

....

	SUN	MON	TUE
MORNING			
AFTERNOON			
EVENING			

TO-DO-LIST

○ _____   ○ _____
○ _____   ○ _____
○ _____   ○ _____
○ _____   ○ _____
○ _____   ○ _____
○ _____   ○ _____

PLANNER

WED	THU	FRI	SAT

NOTE

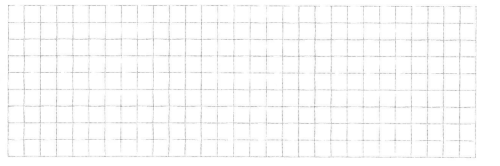

WEEKLY

....	SUN	MON	TUE
MORNING			
AFTERNOON			
EVENING			

TO-DO-LIST

○ _____   ○ _____
○ _____   ○ _____
○ _____   ○ _____
○ _____   ○ _____
○ _____   ○ _____
○ _____   ○ _____

PLANNER

WED	THU	FRI	SAT

NOTE

WEEKLY

DATE
....

	SUN	MON	TUE
MORNING			
AFTERNOON			
EVENING			

TO-DO-LIST

- ○ _____
- ○ _____
- ○ _____
- ○ _____
- ○ _____
- ○ _____

- ○ _____
- ○ _____
- ○ _____
- ○ _____
- ○ _____
- ○ _____

PLANNER

WED	THU	FRI	SAT

NOTE

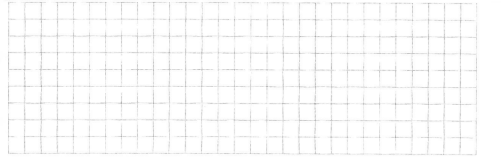

WEEKLY

DATE
....

	SUN	MON	TUE
MORNING			
AFTERNOON			
EVENING			

TO-DO-LIST

- ○ _____
- ○ _____
- ○ _____
- ○ _____
- ○ _____
- ○ _____

- ○ _____
- ○ _____
- ○ _____
- ○ _____
- ○ _____
- ○ _____

PLANNER

WED	THU	FRI	SAT

NOTE

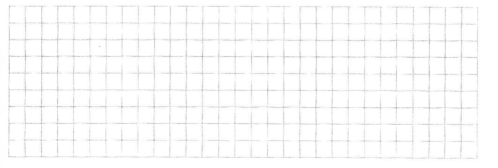

NOTES

Made in the USA
Monee, IL
28 November 2022

18819381R00068